THIS COLORING BOOK
BELONGS TO

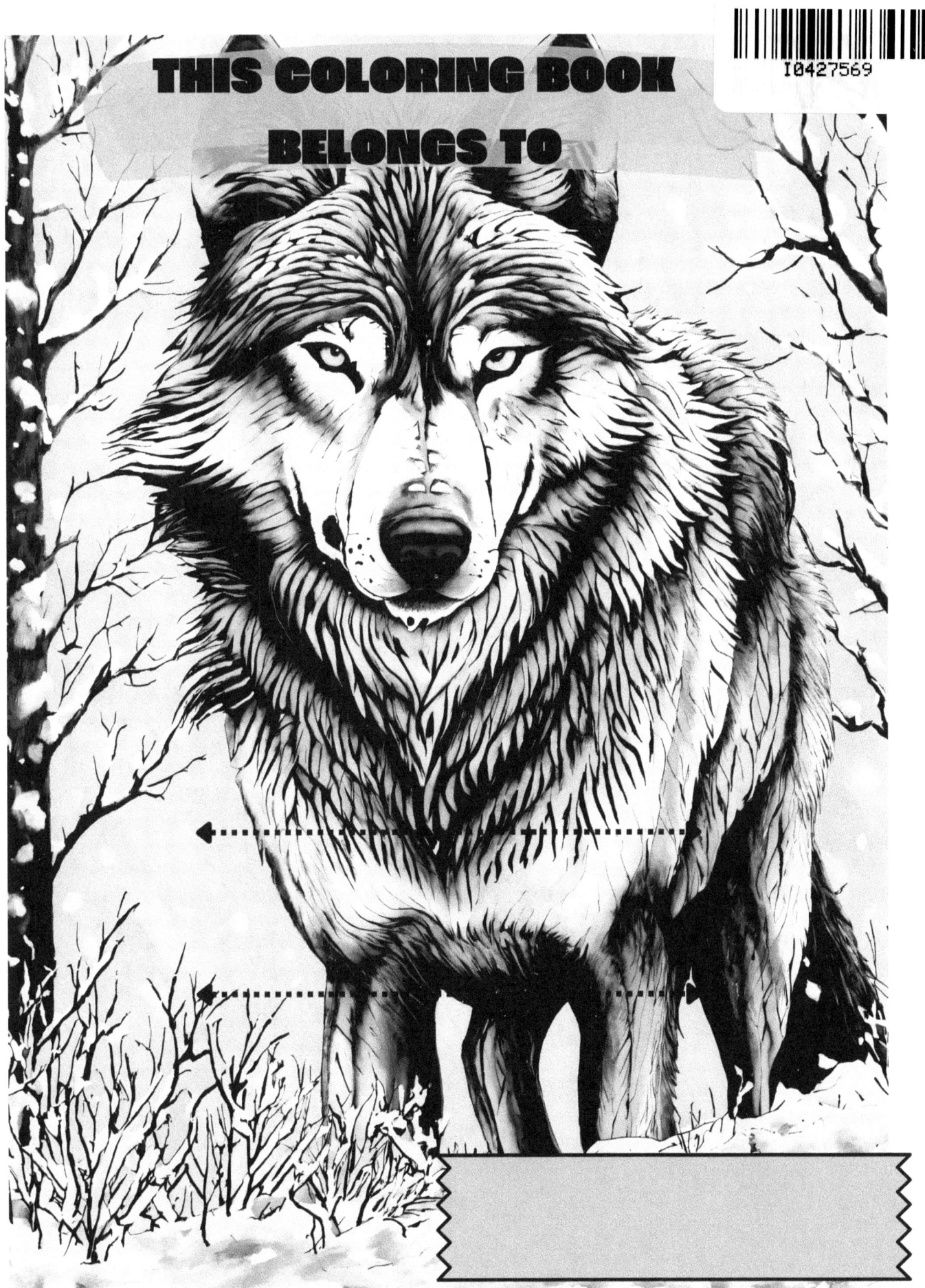

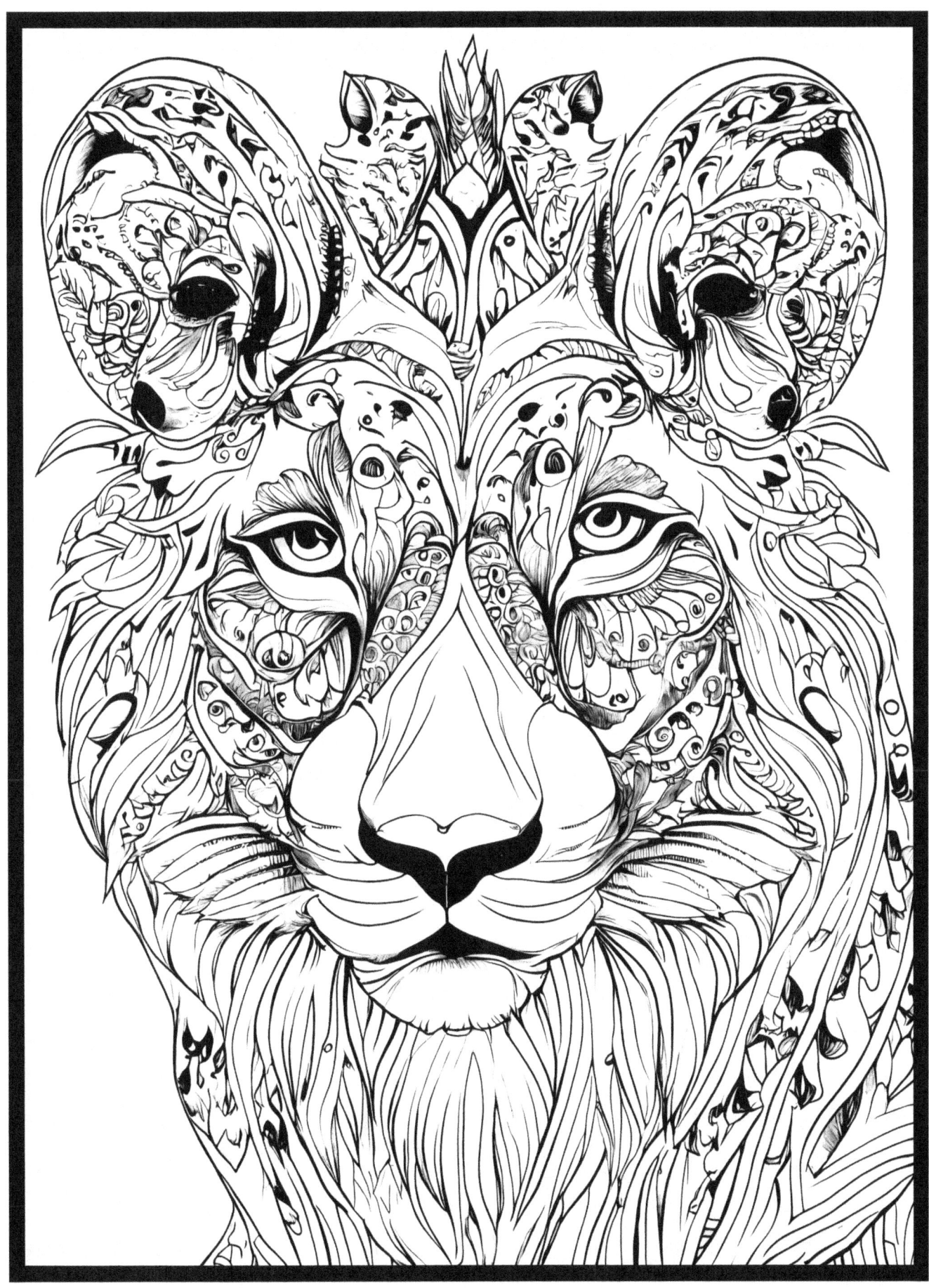

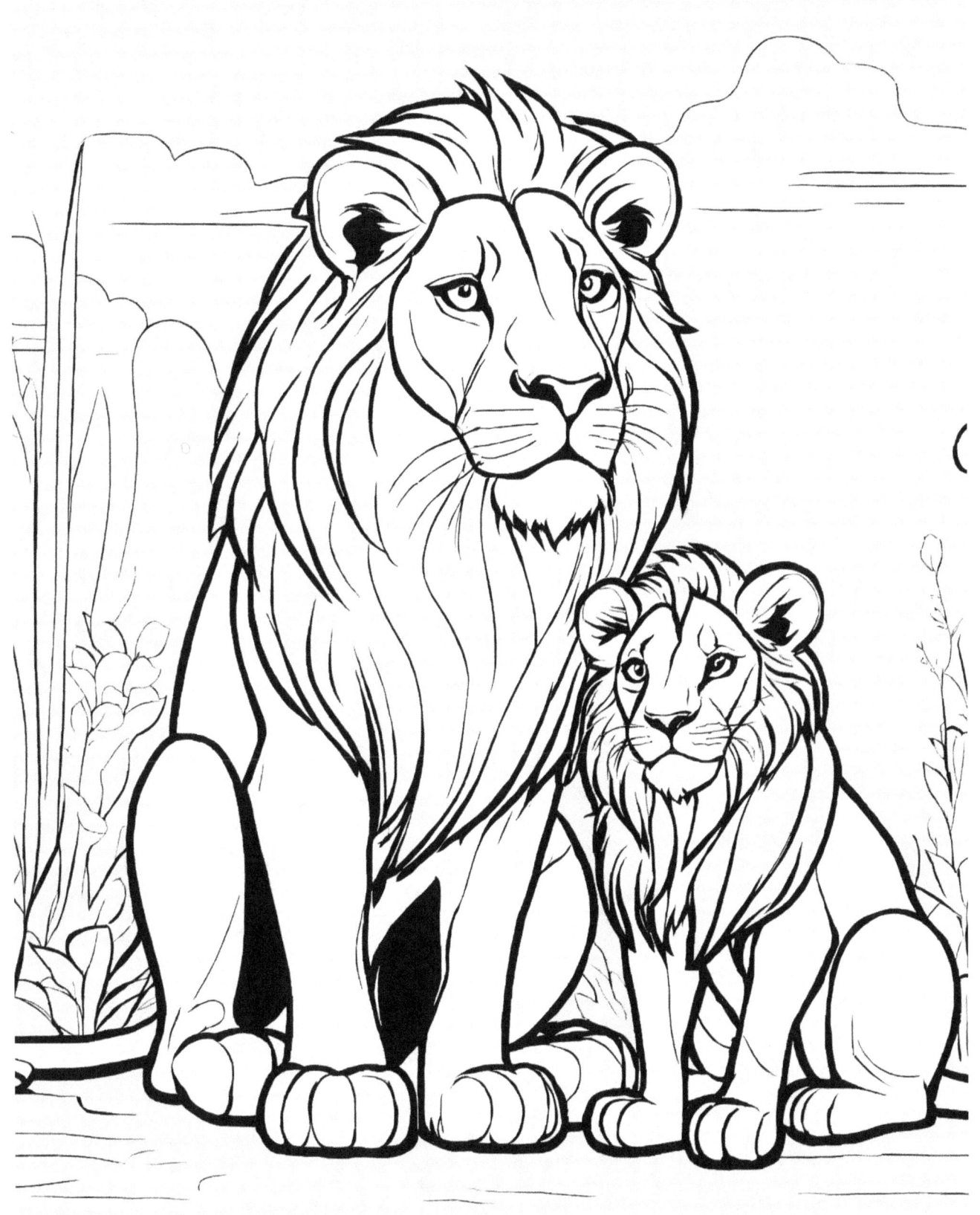

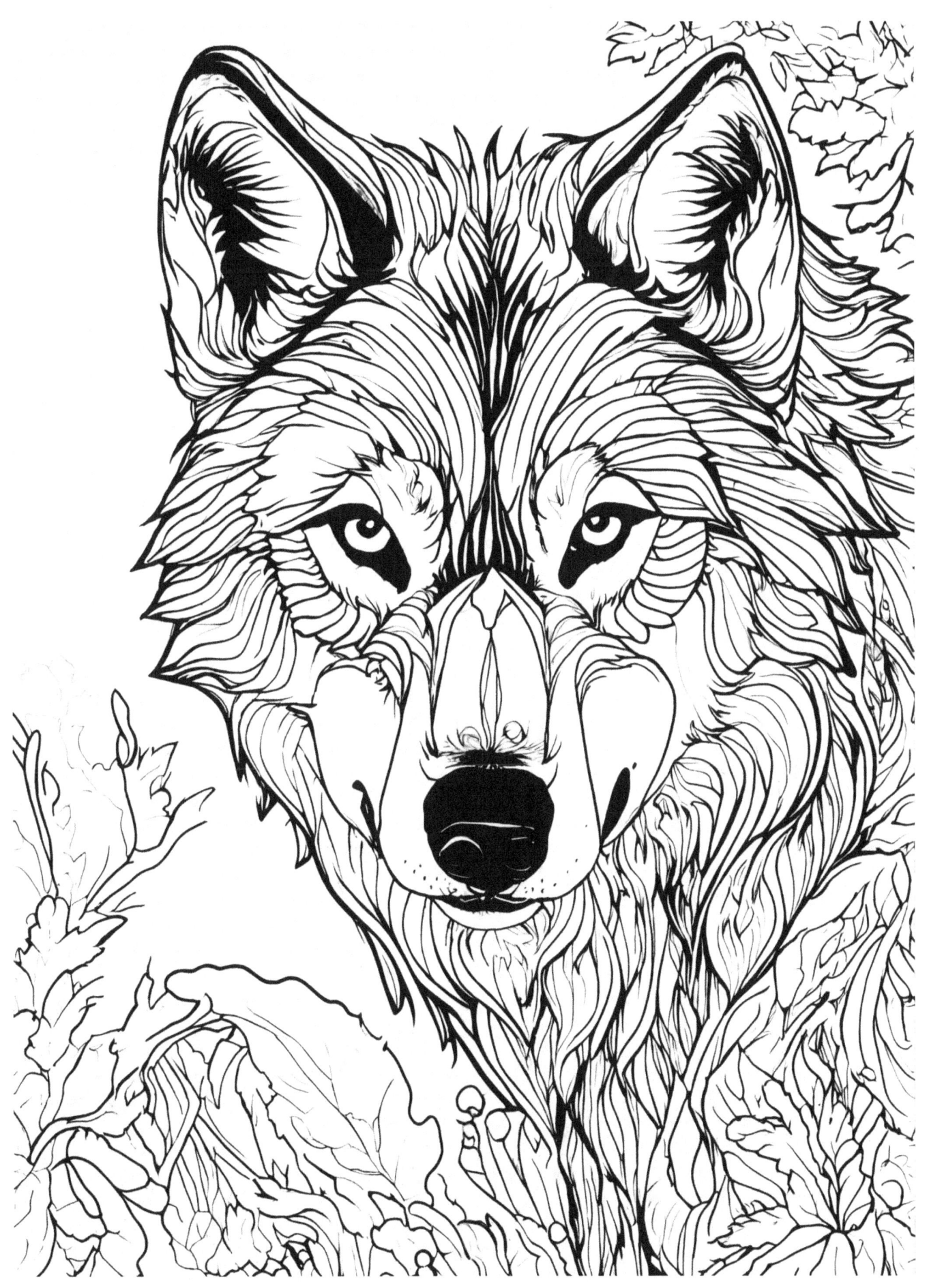

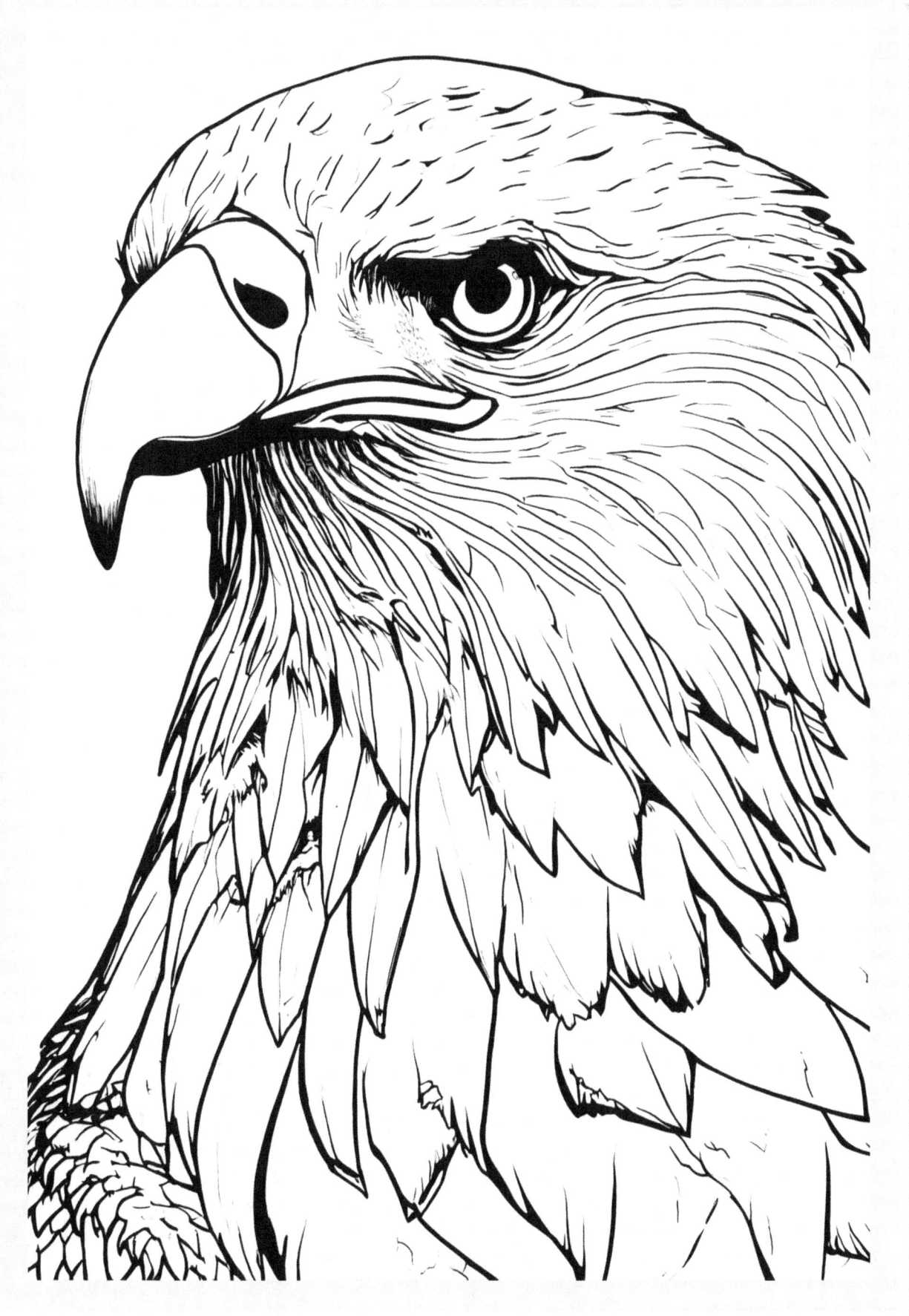

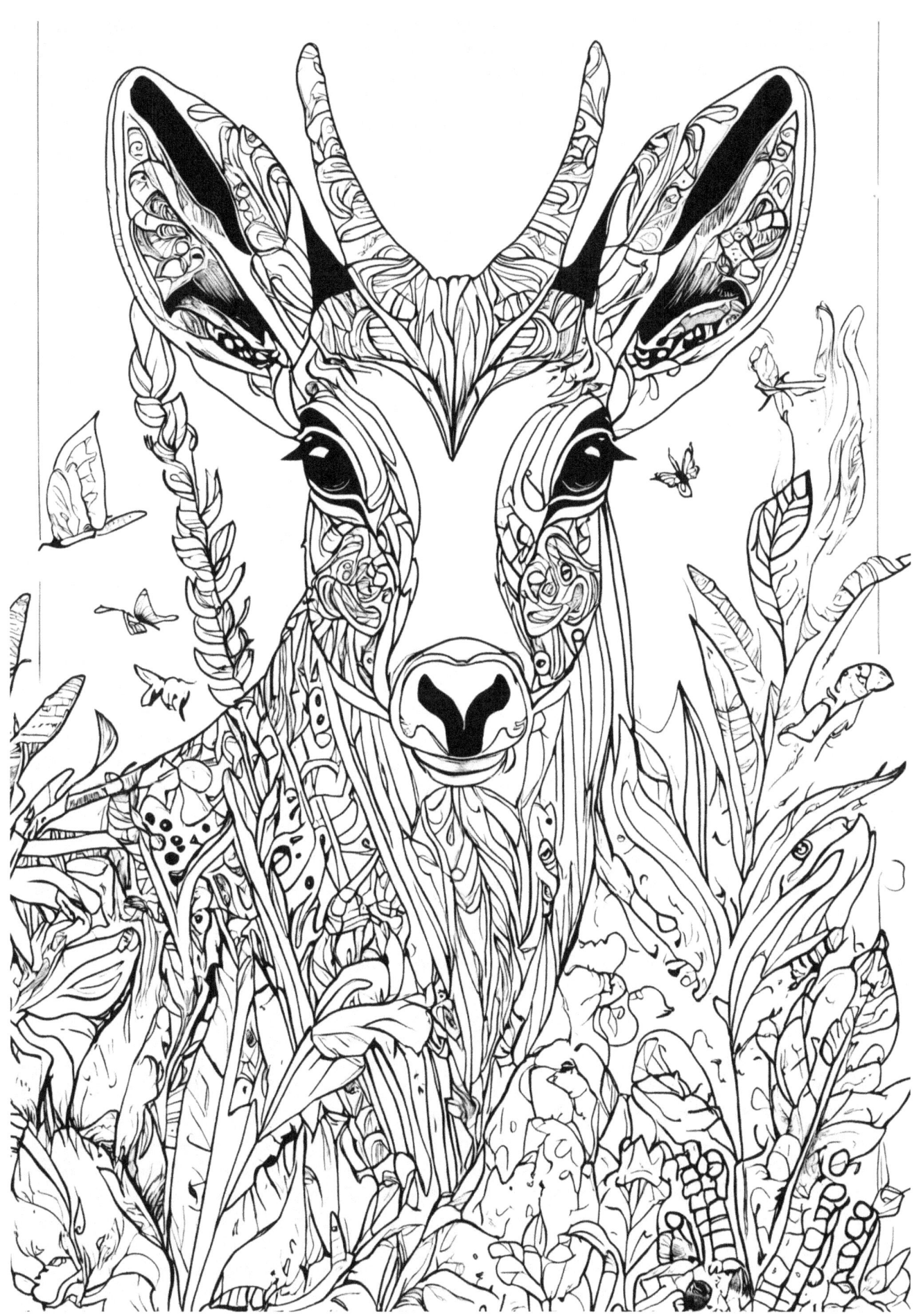

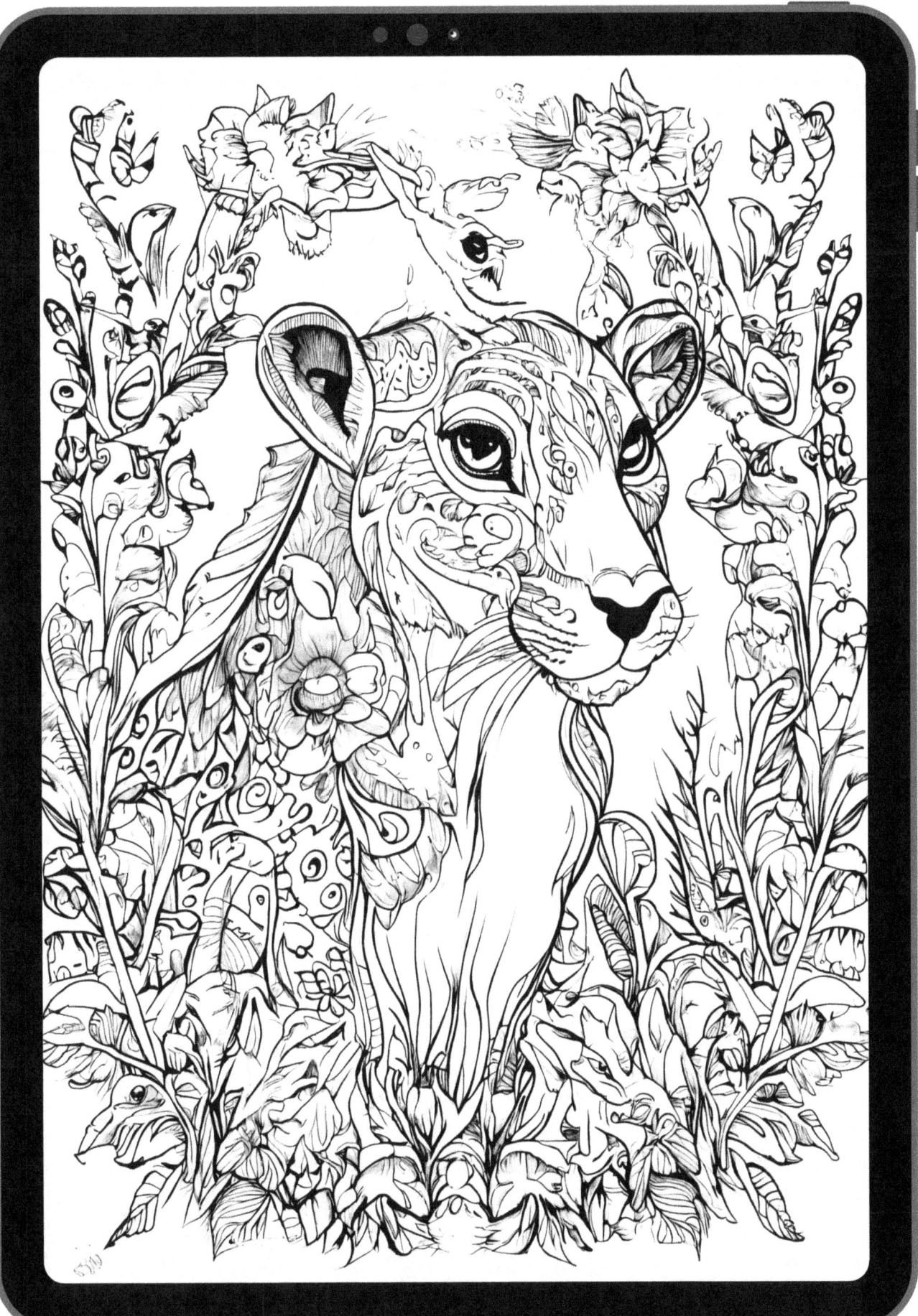

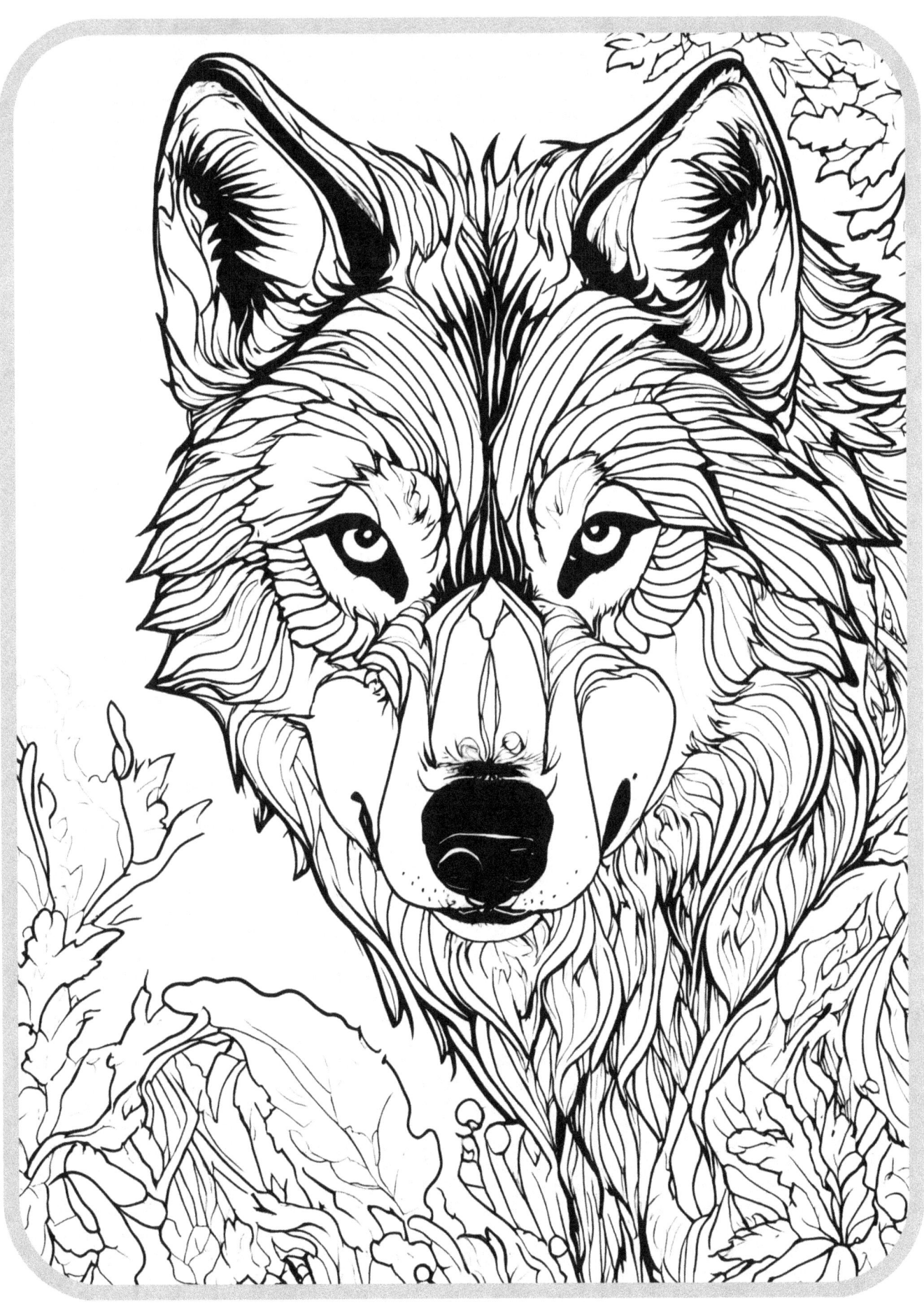

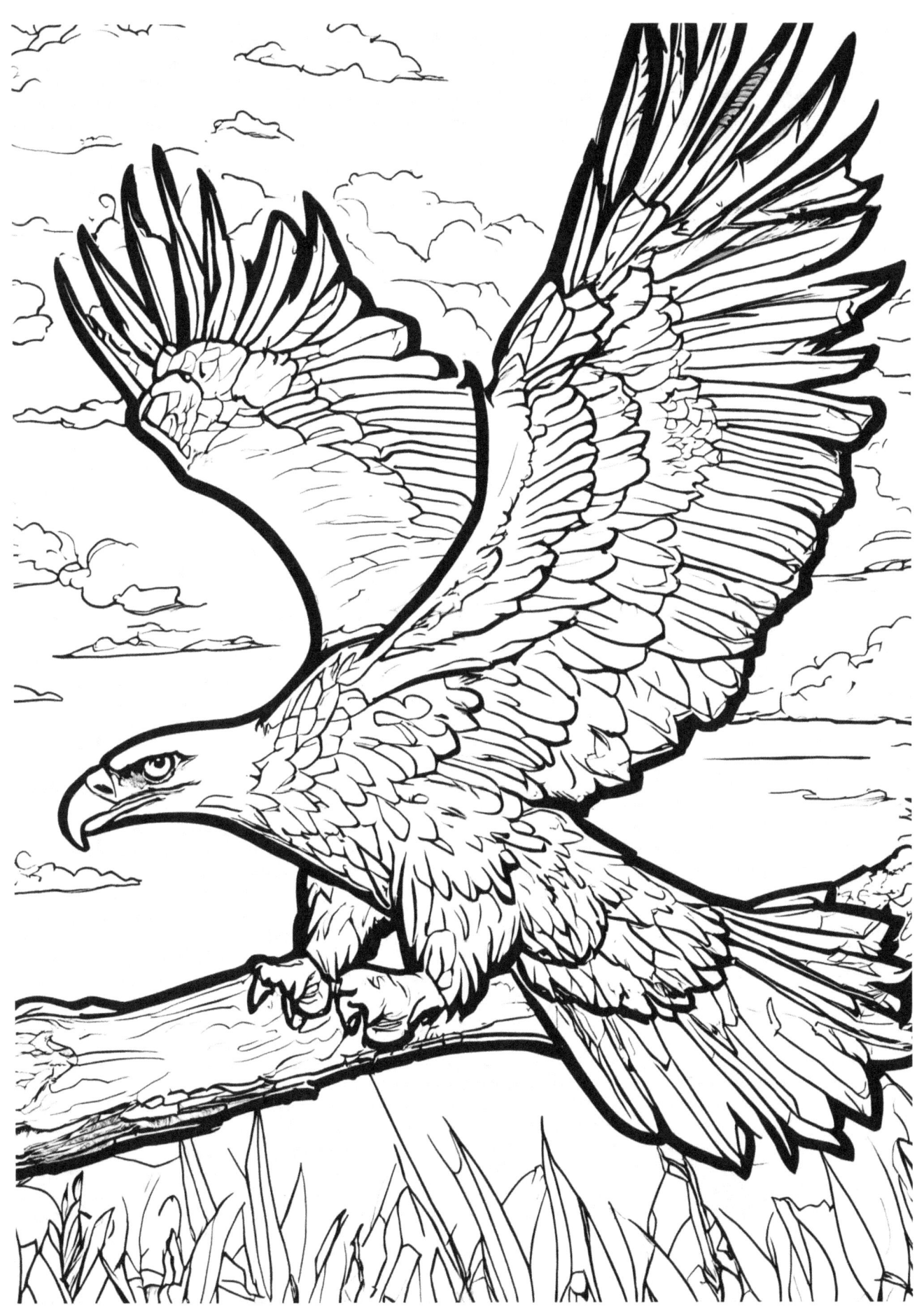

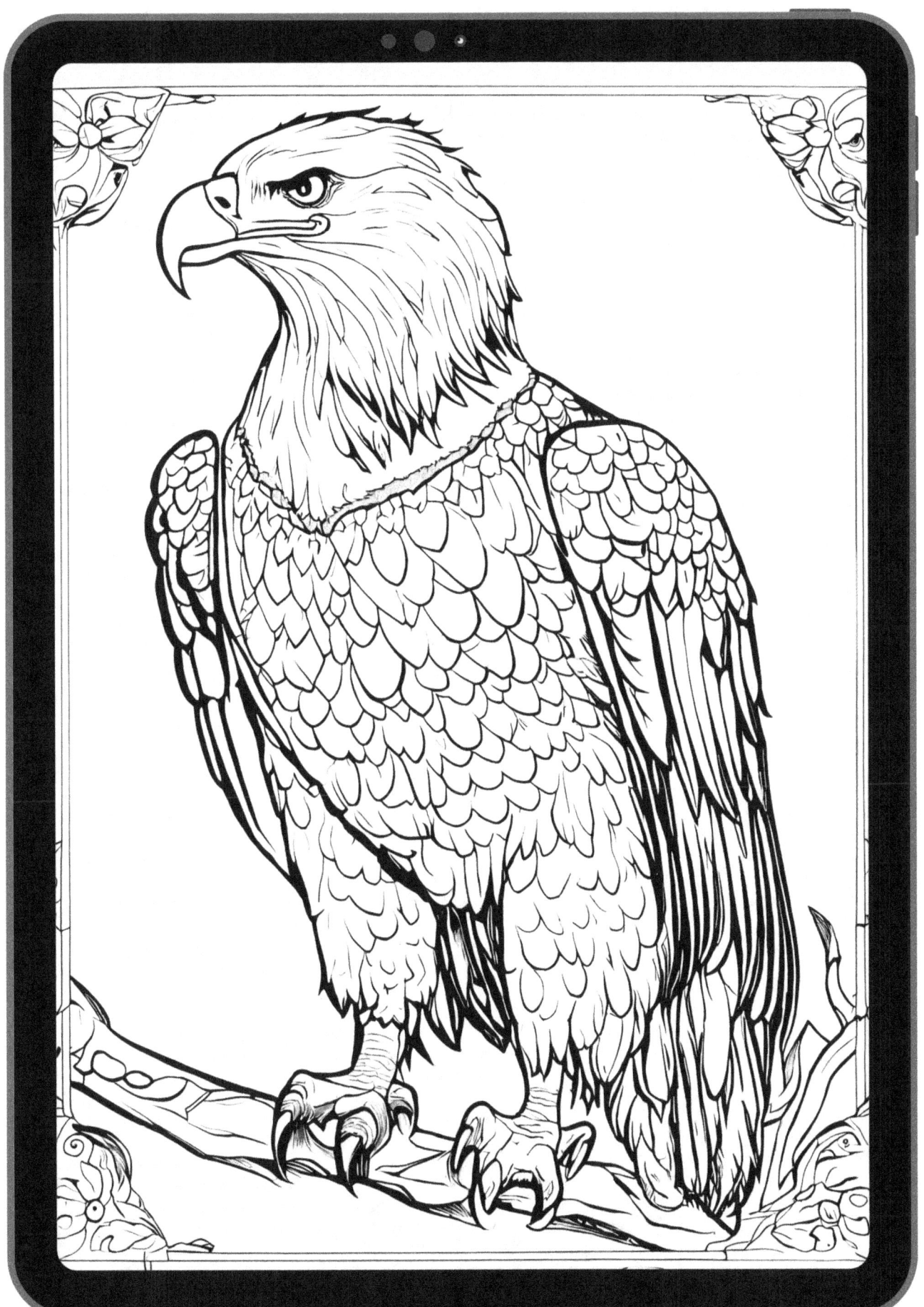

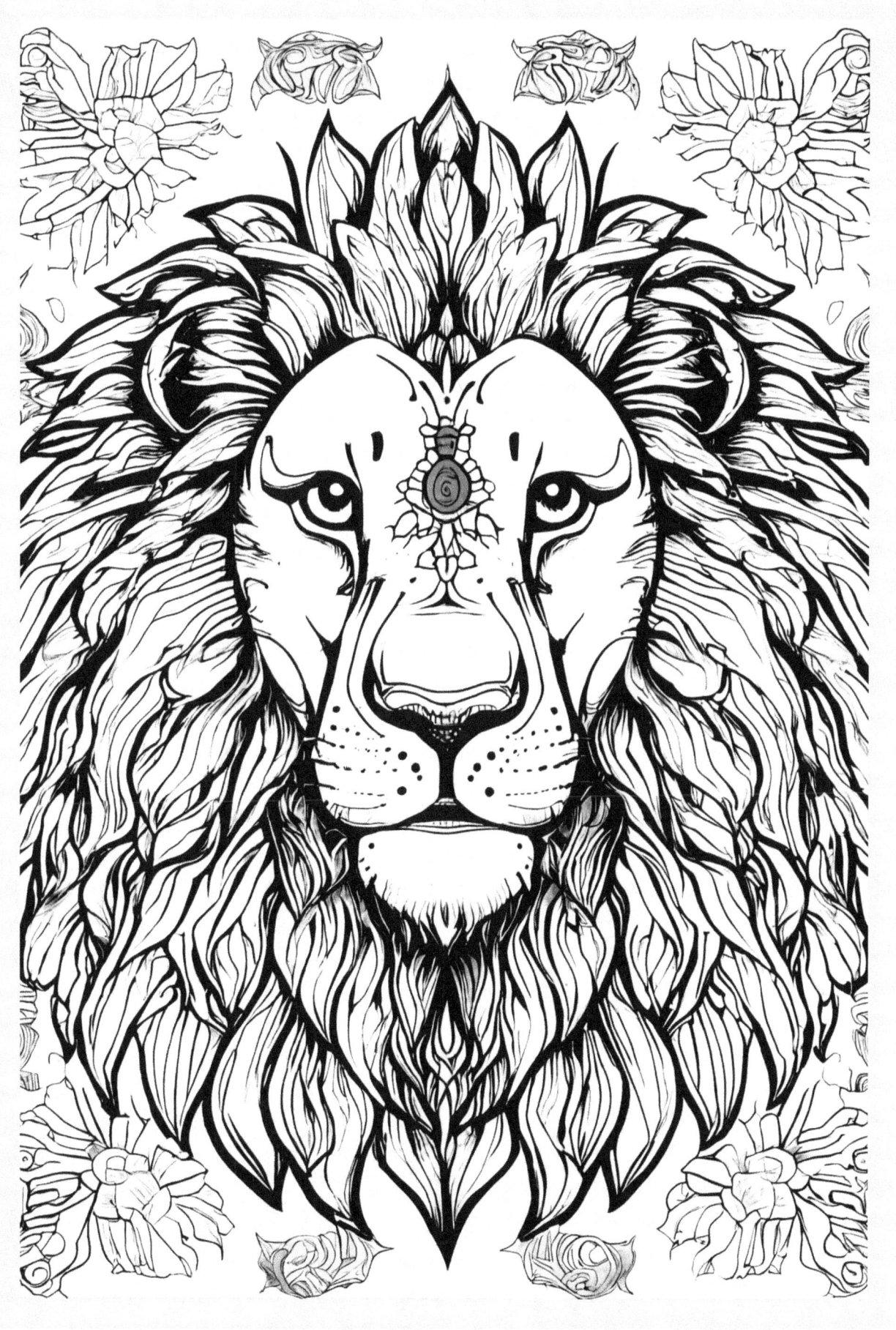

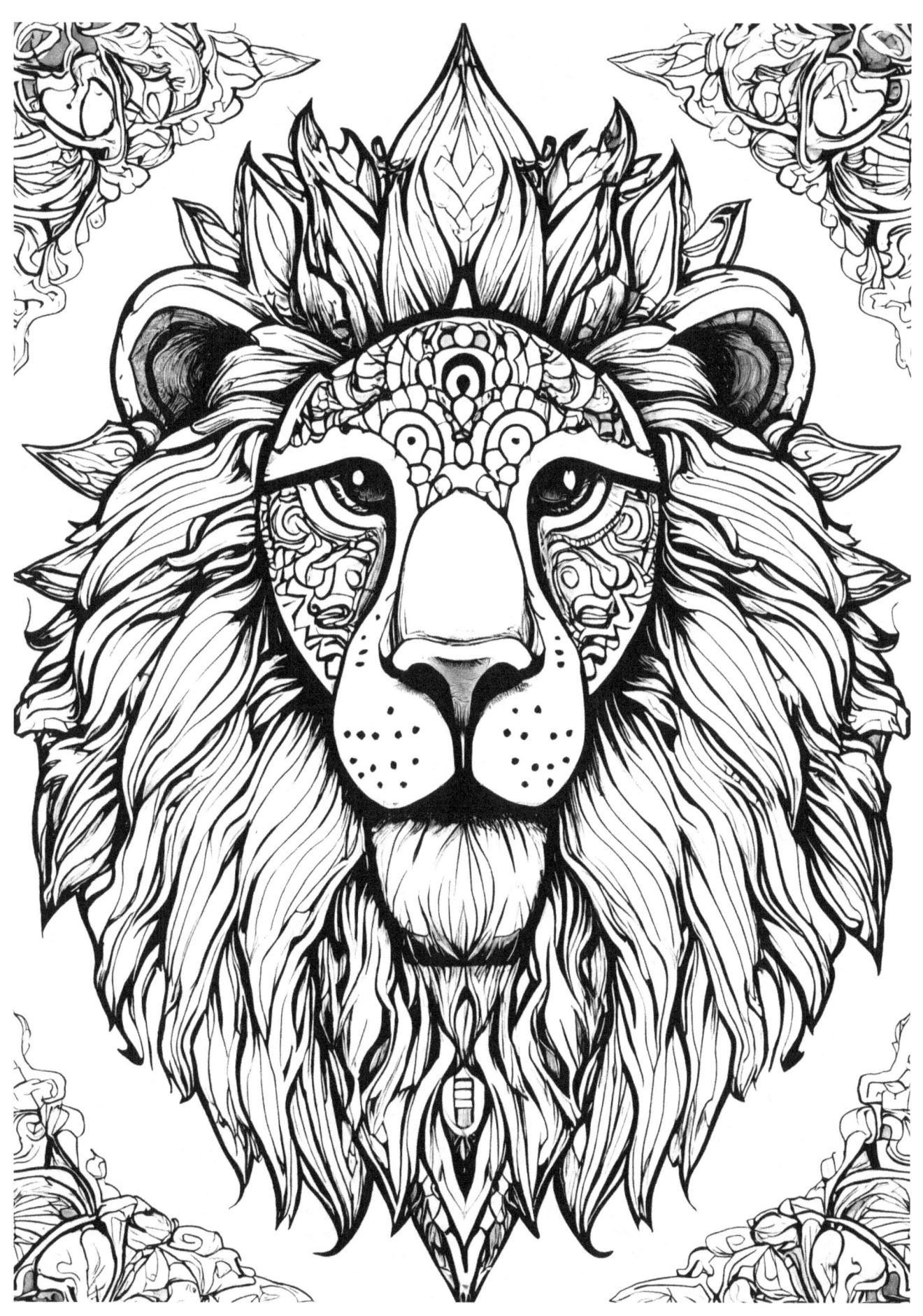

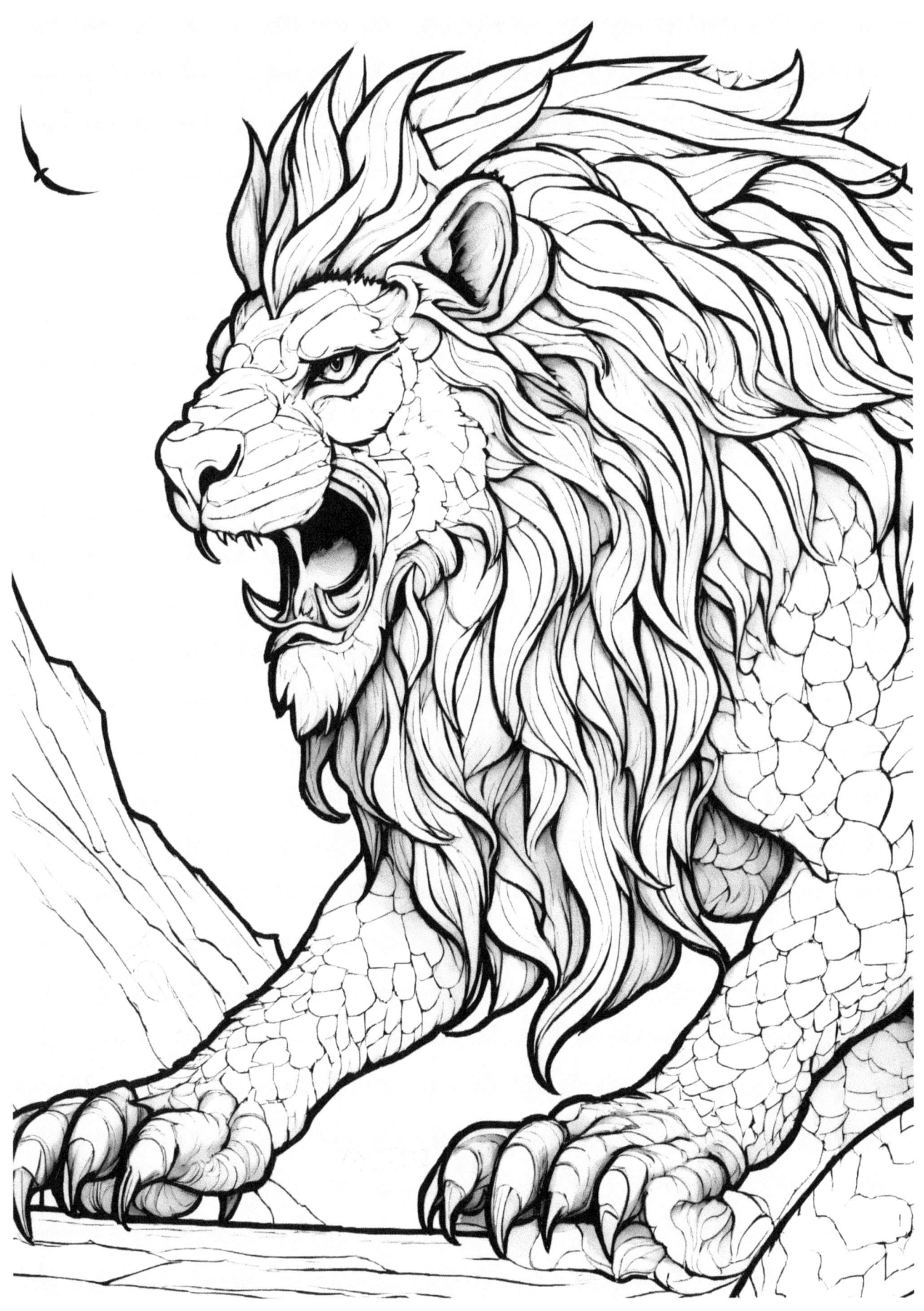

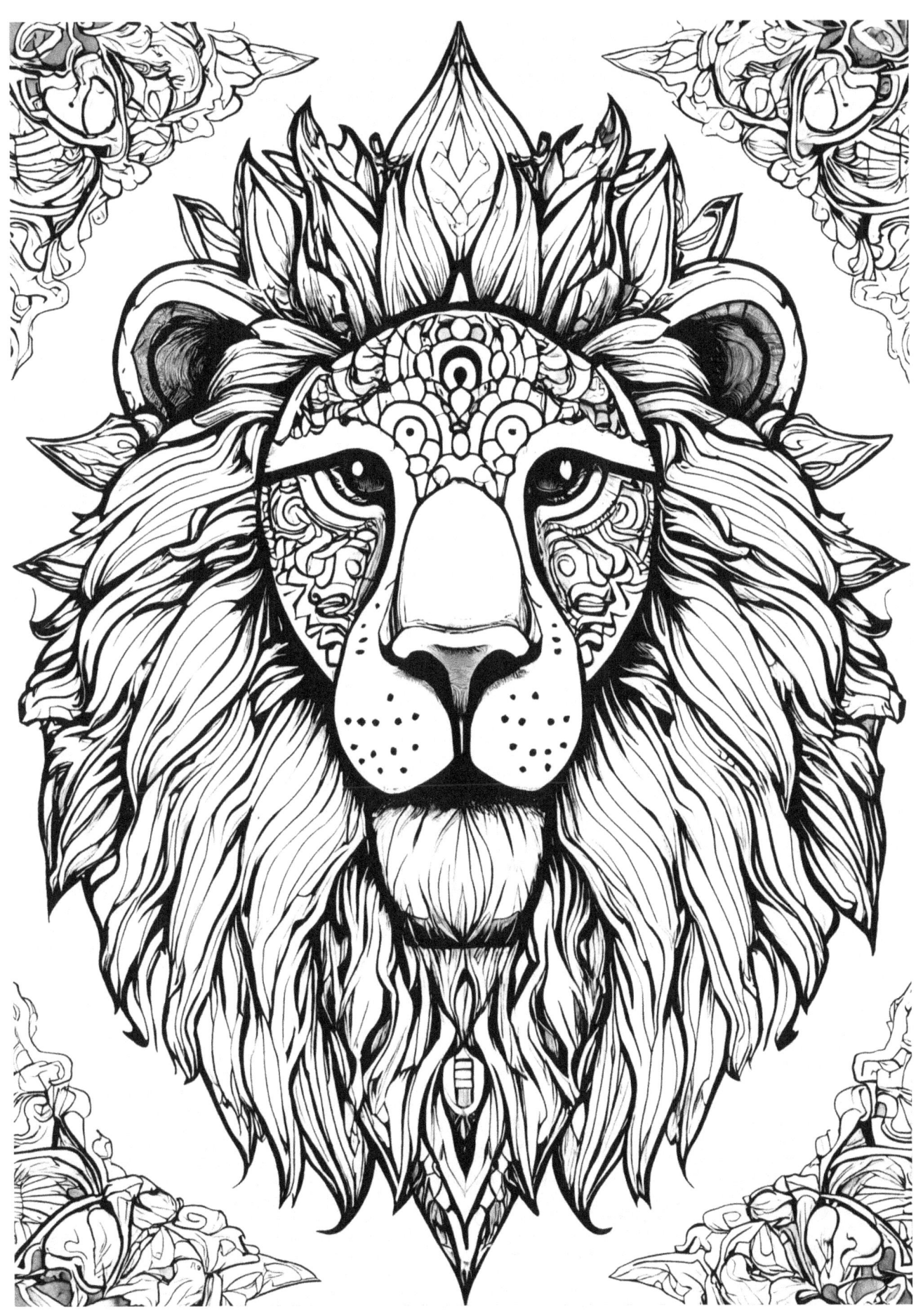

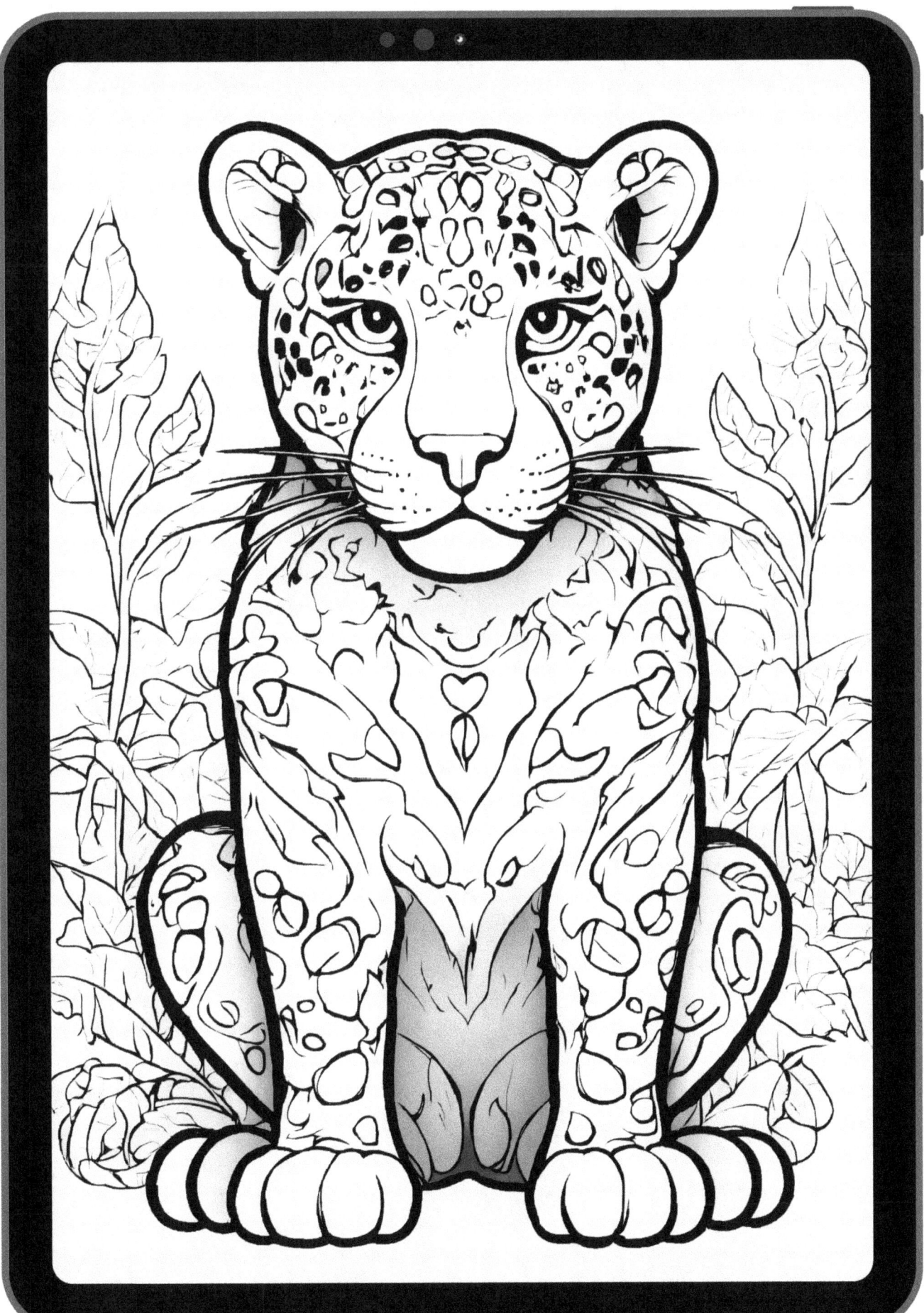

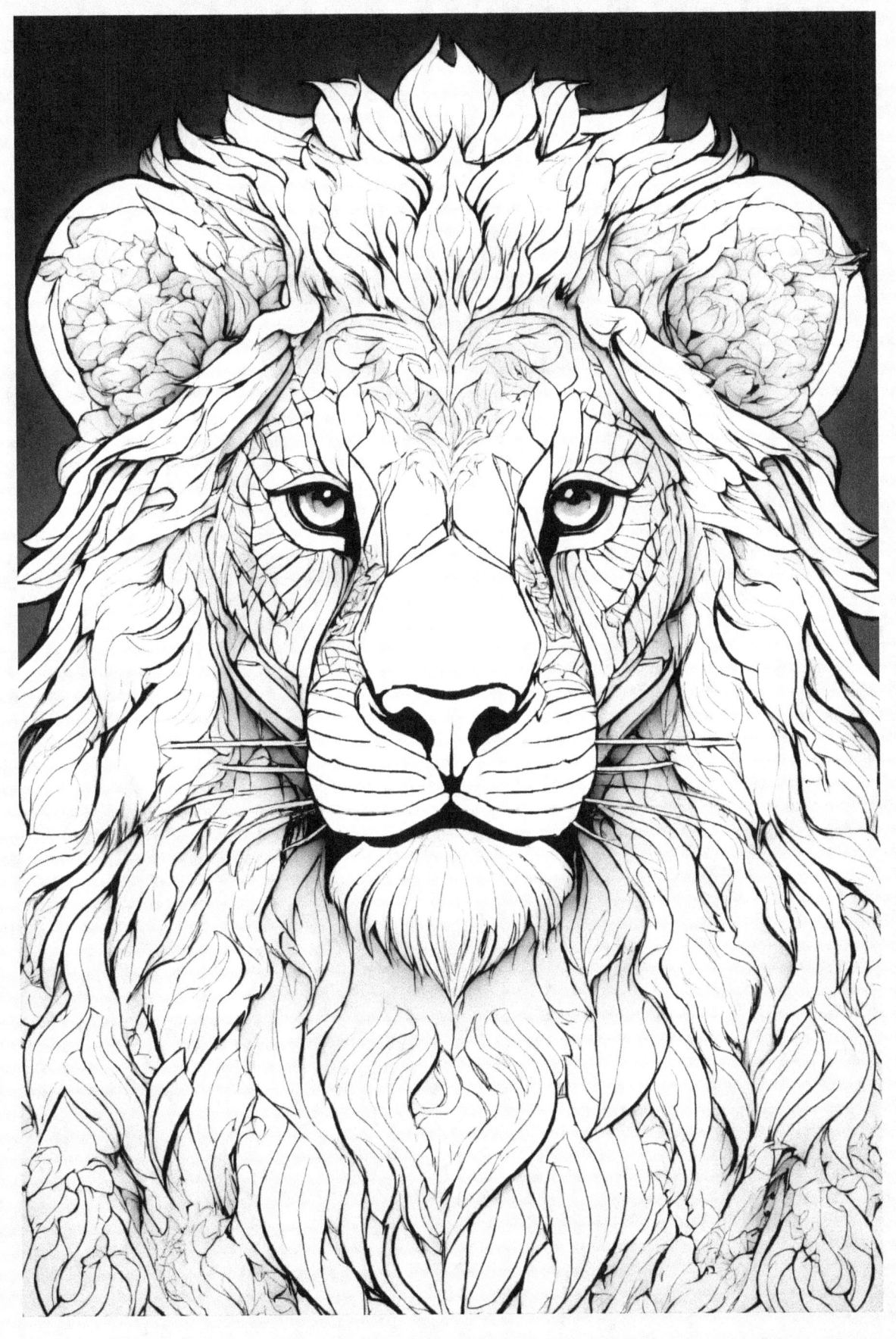

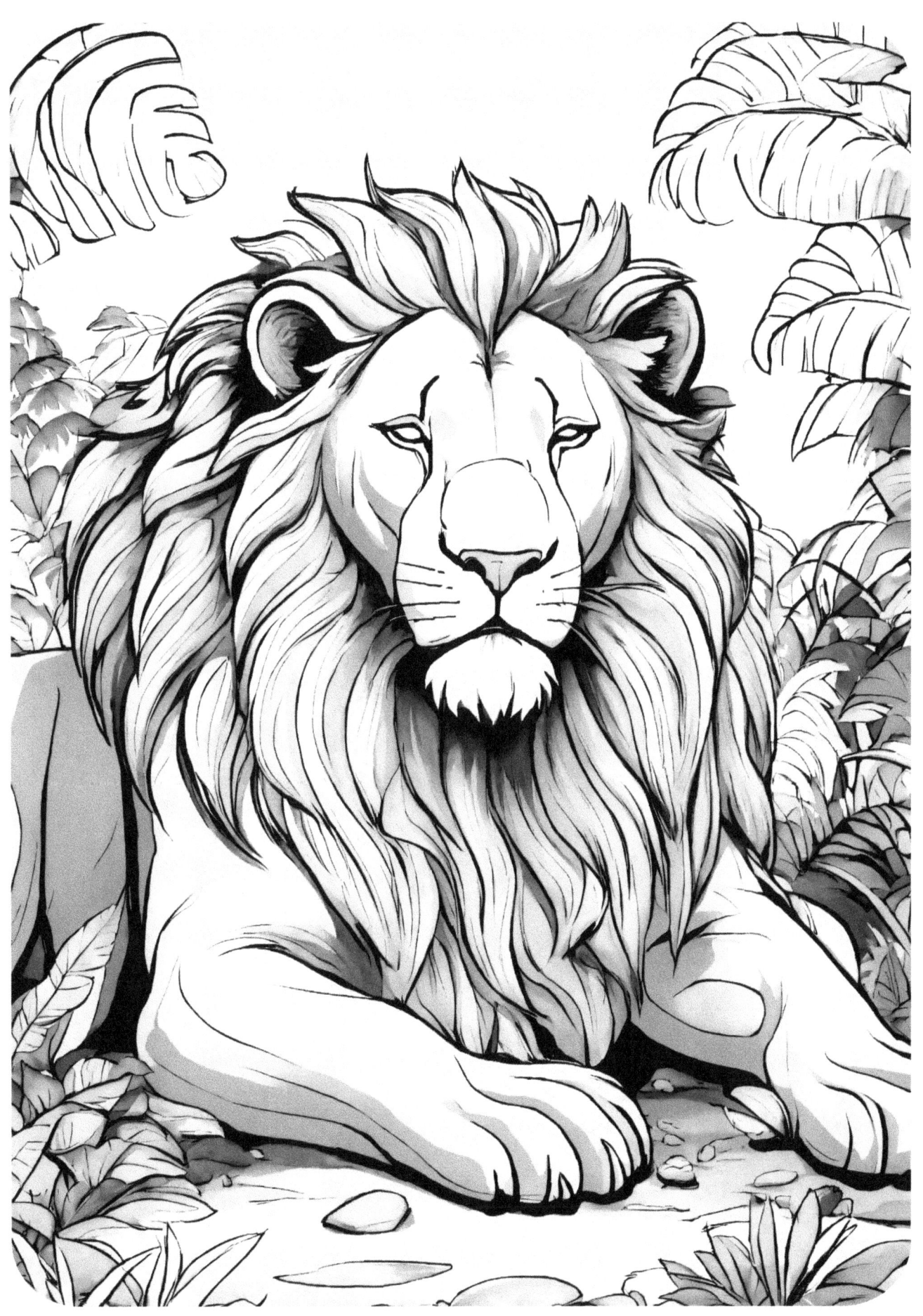

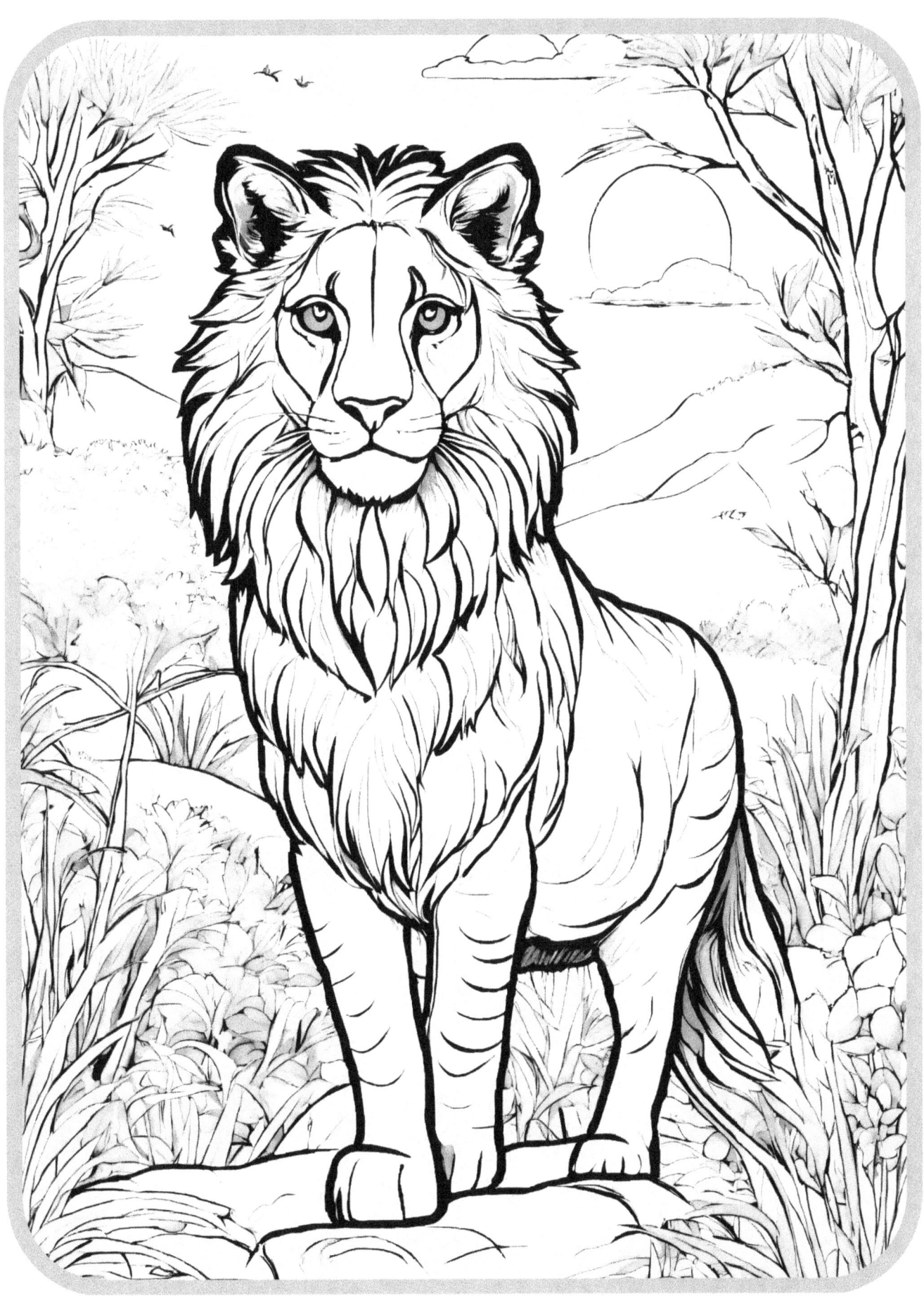

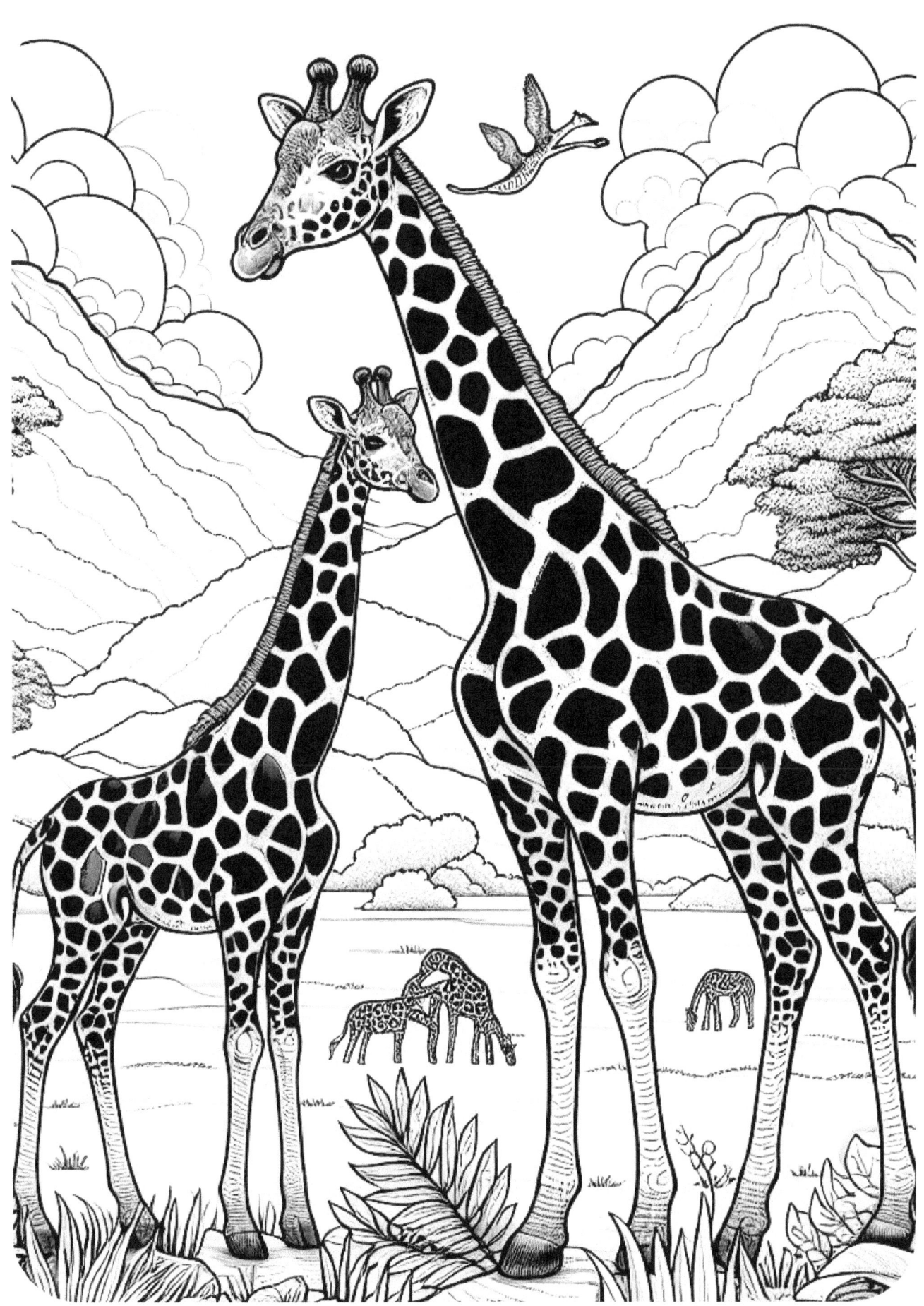

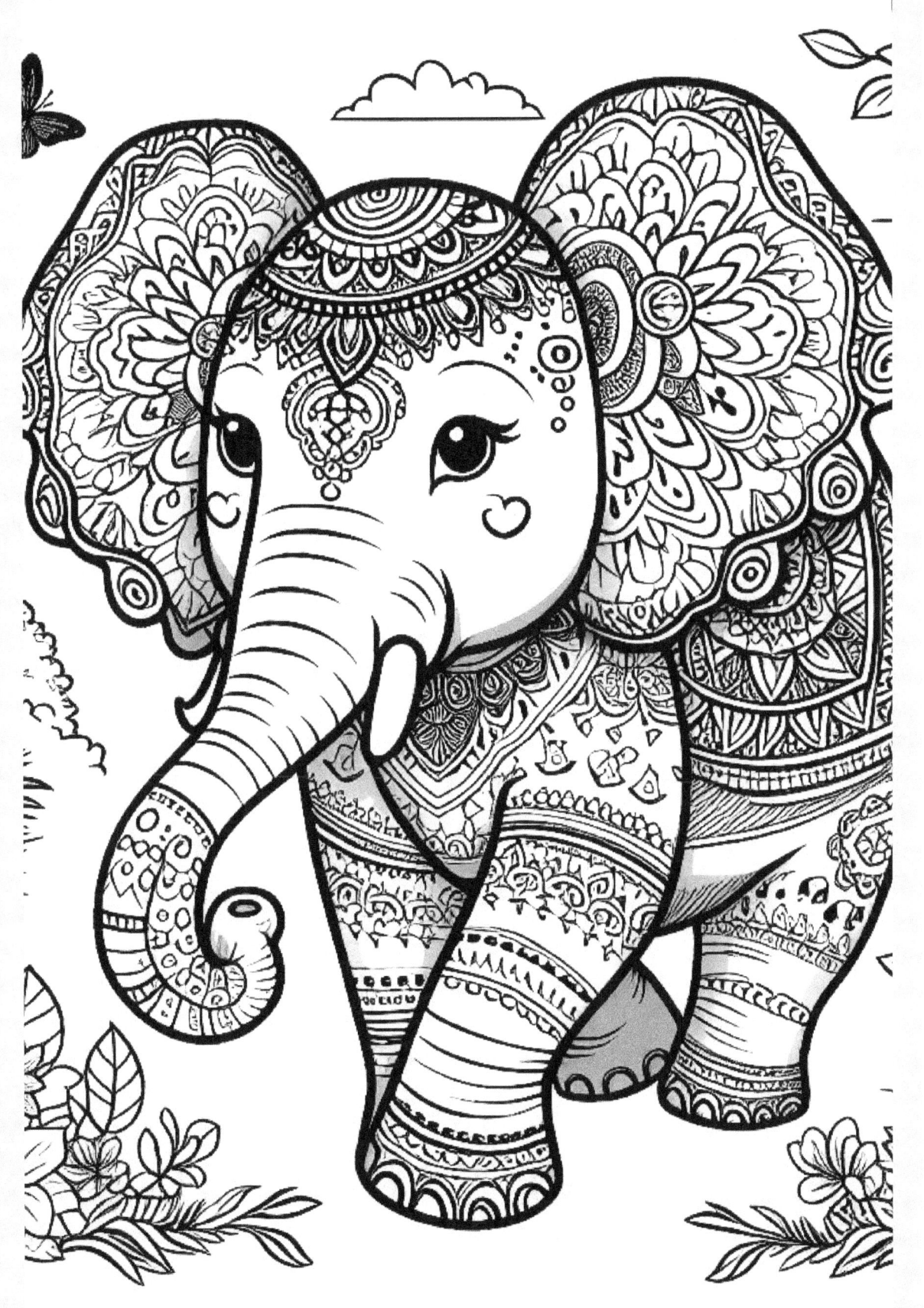

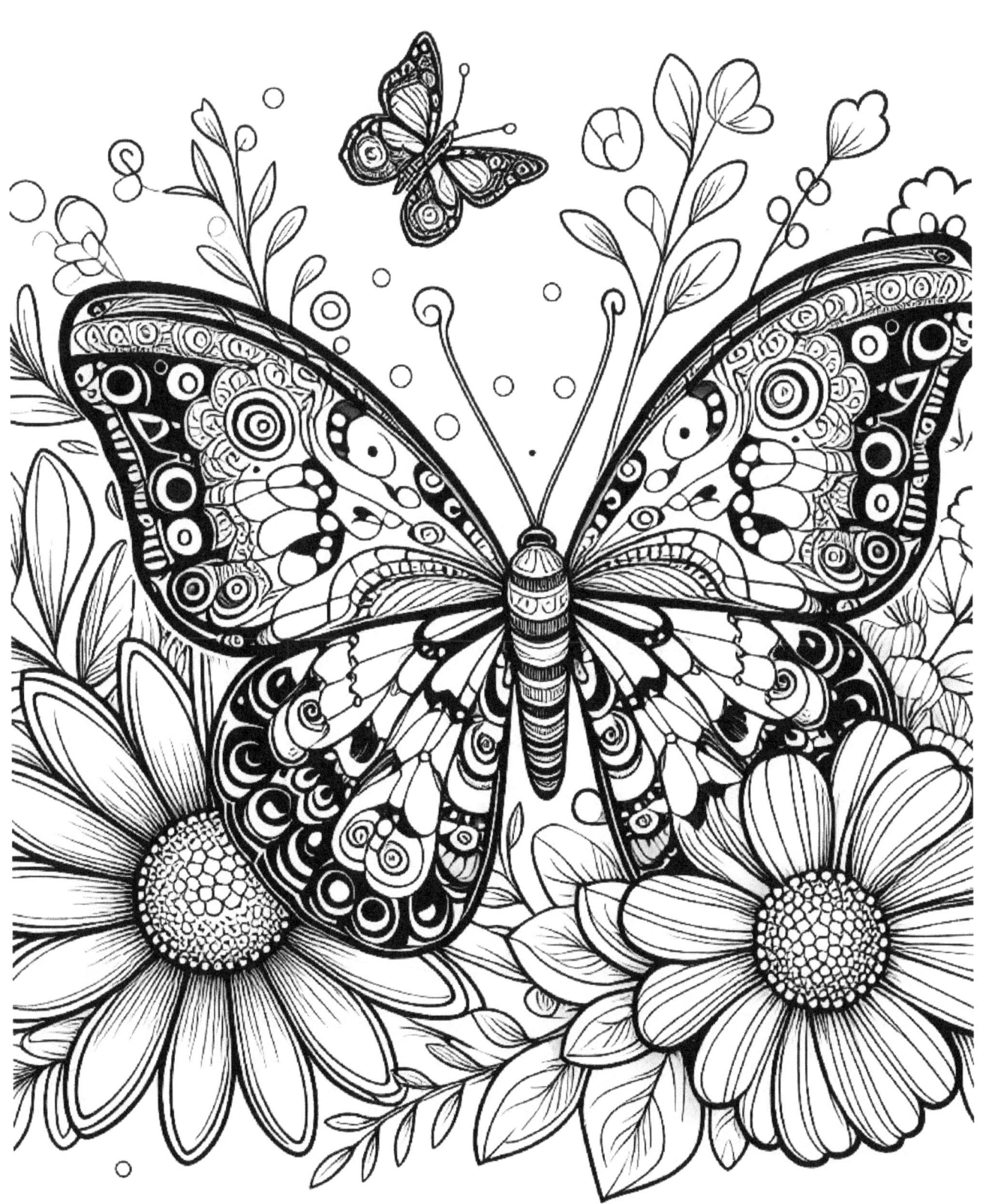

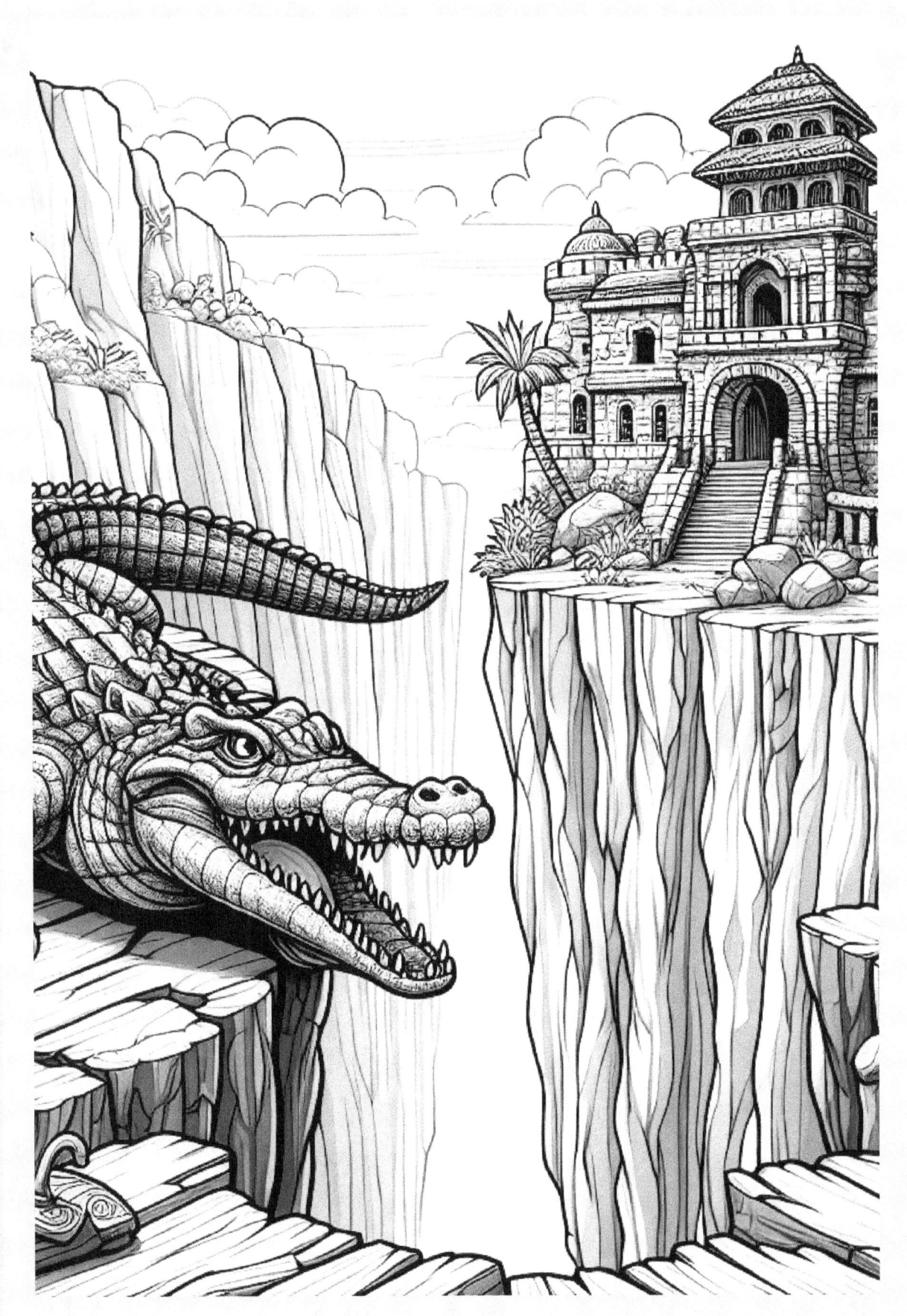

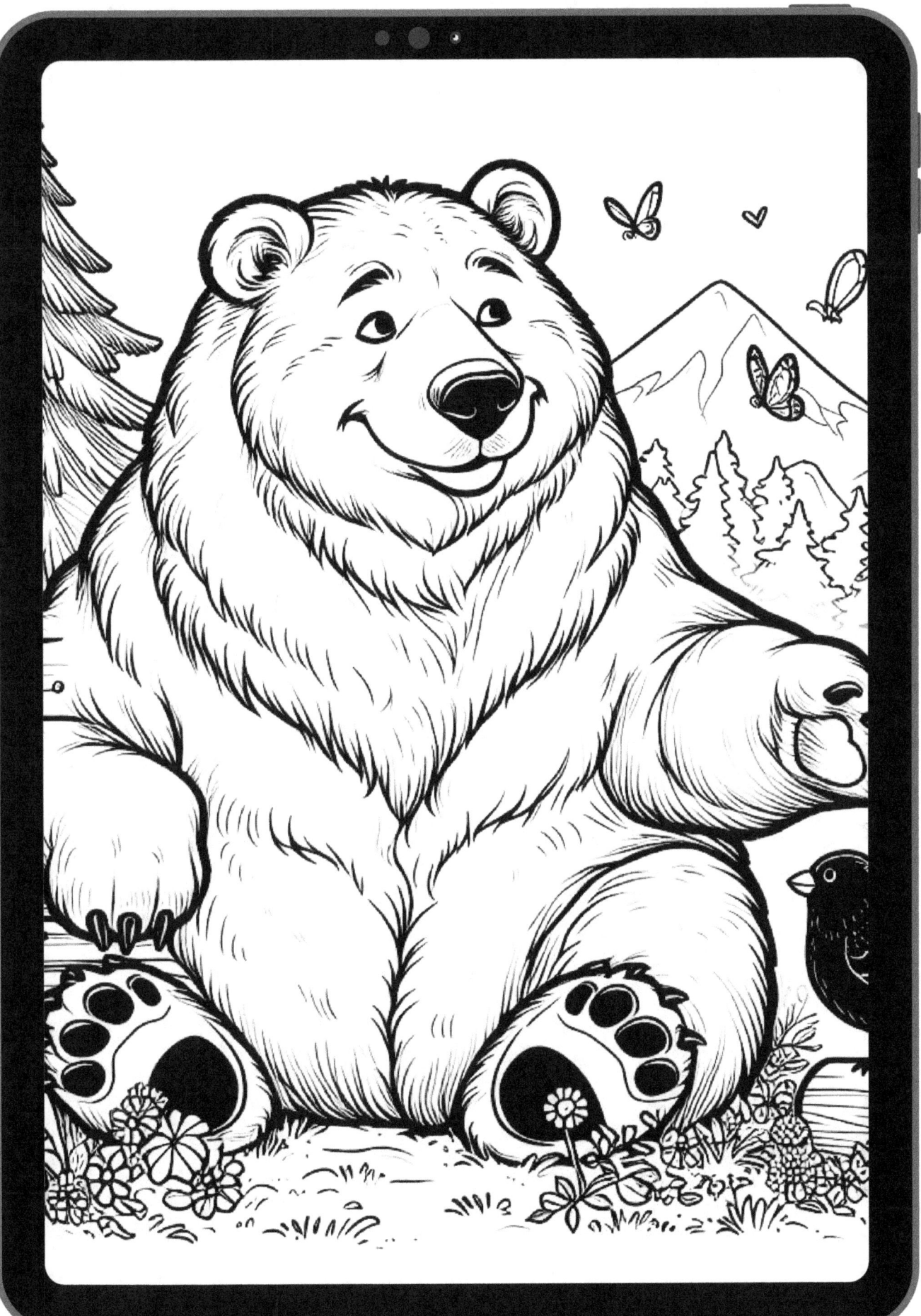

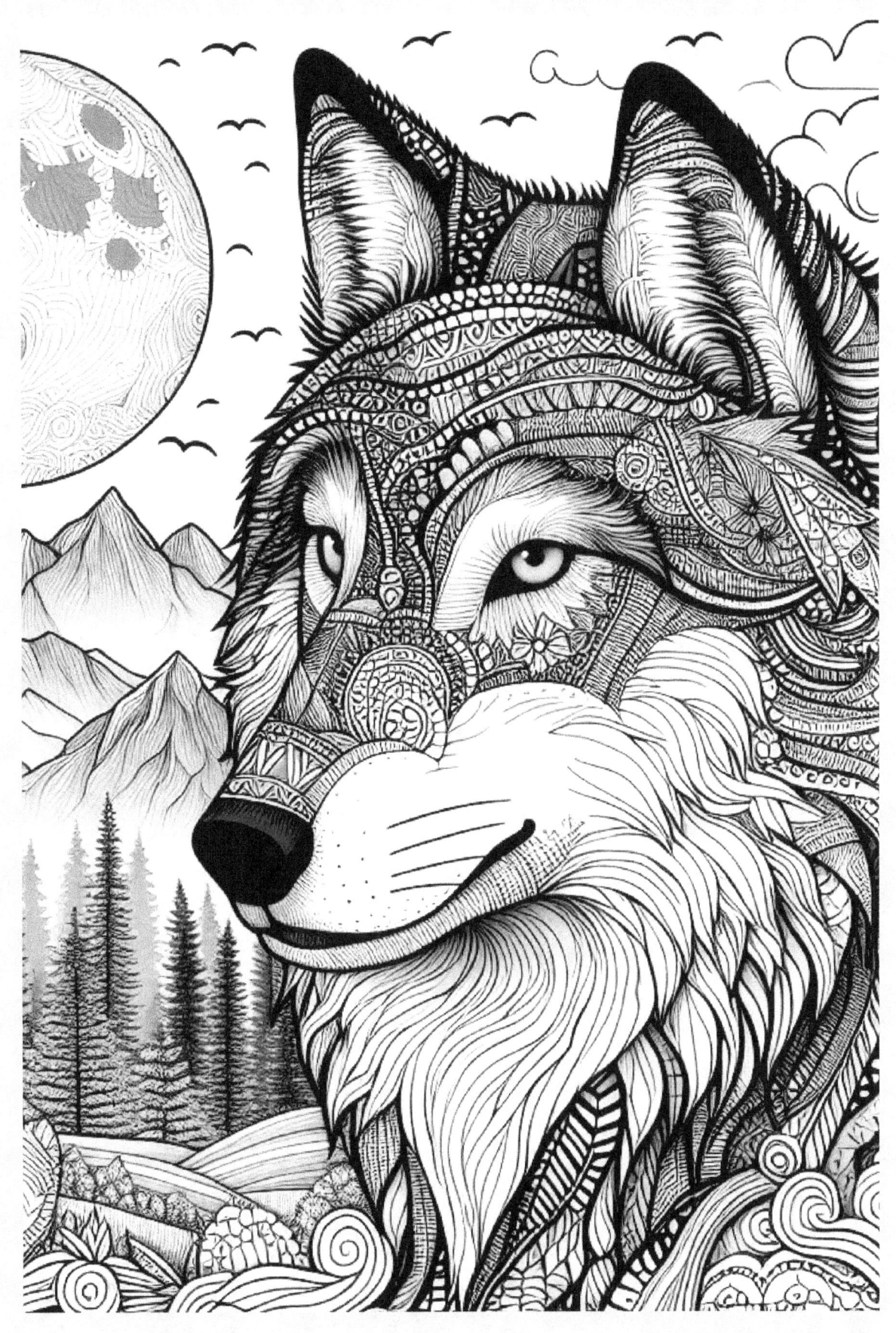

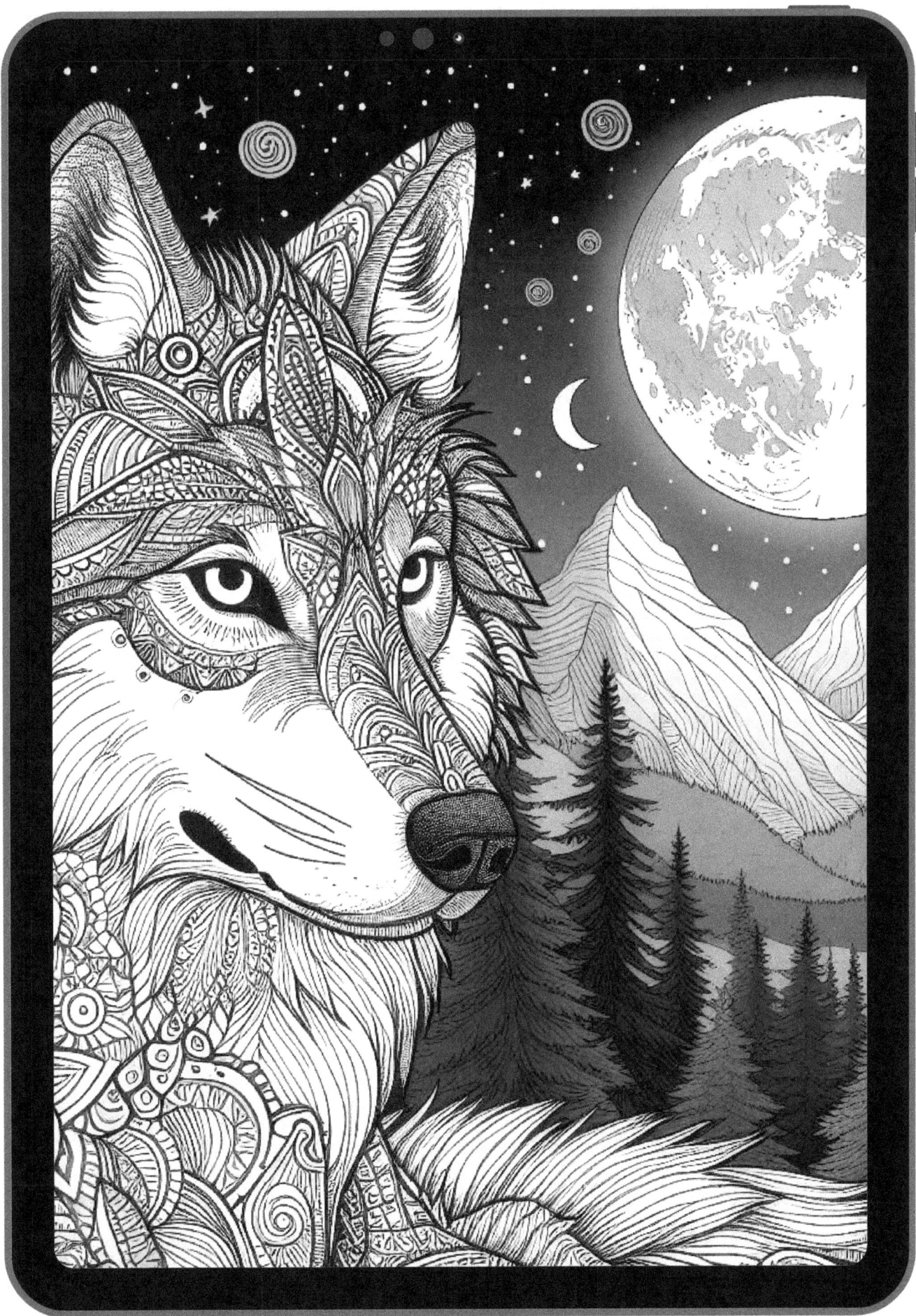

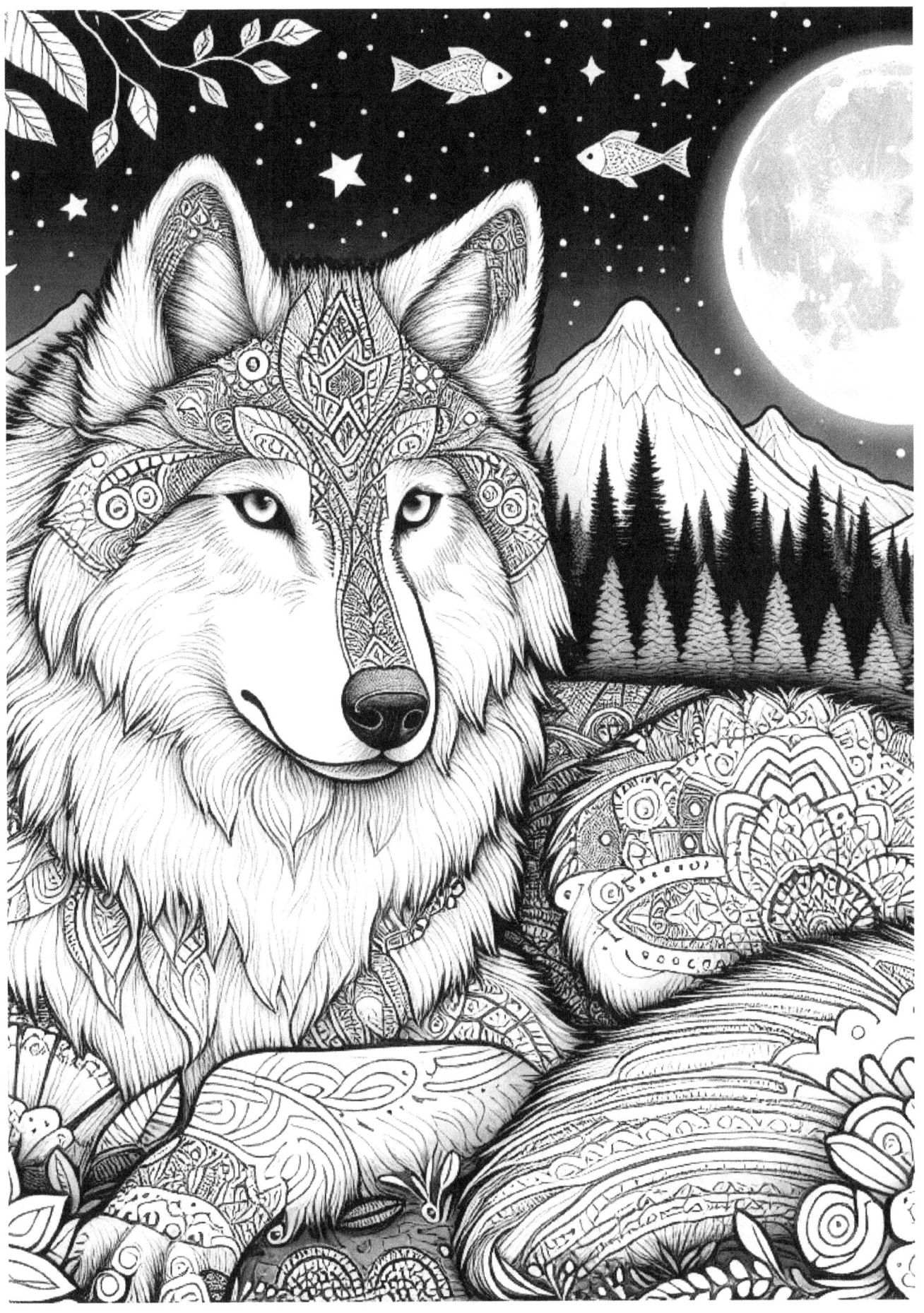

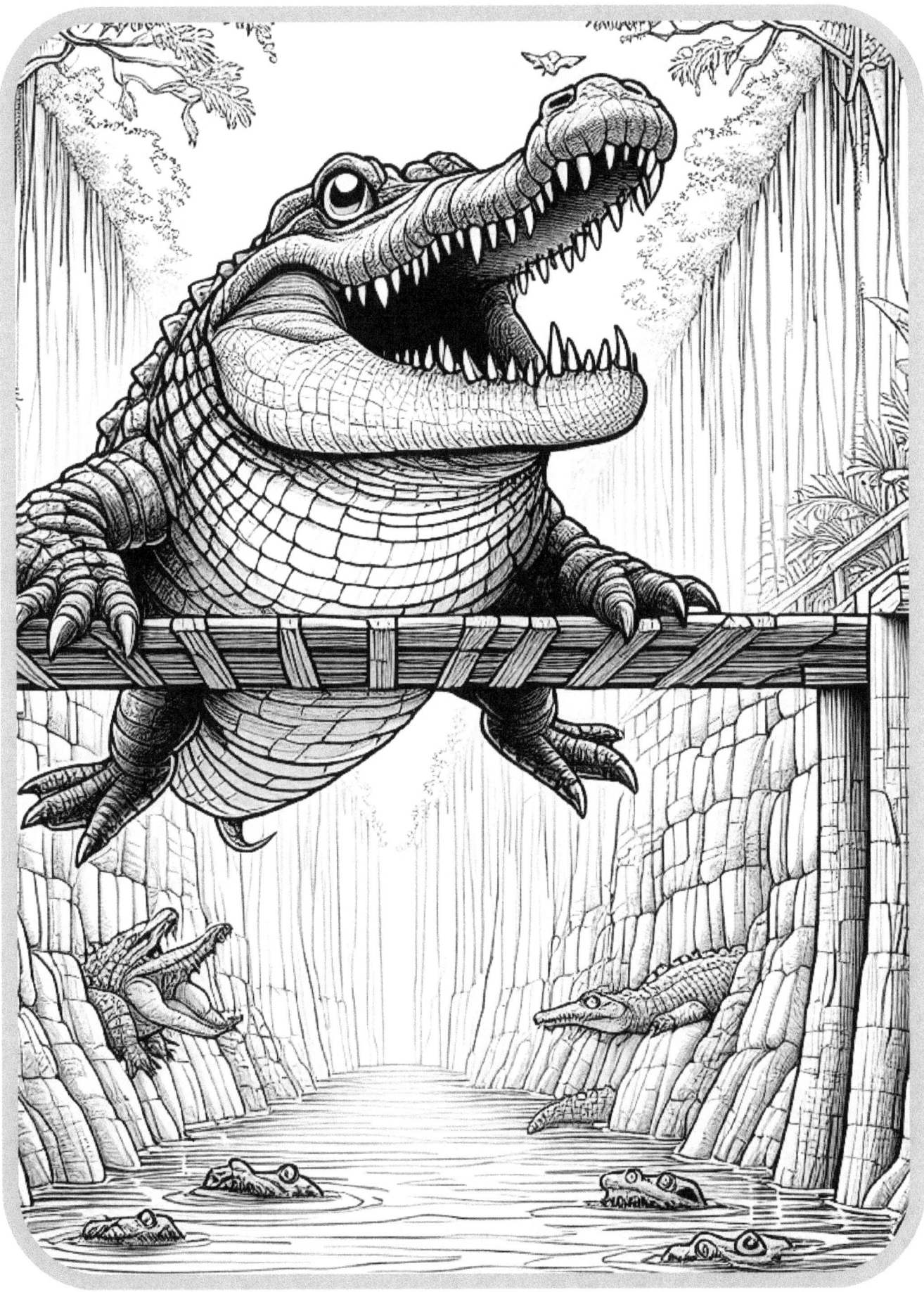

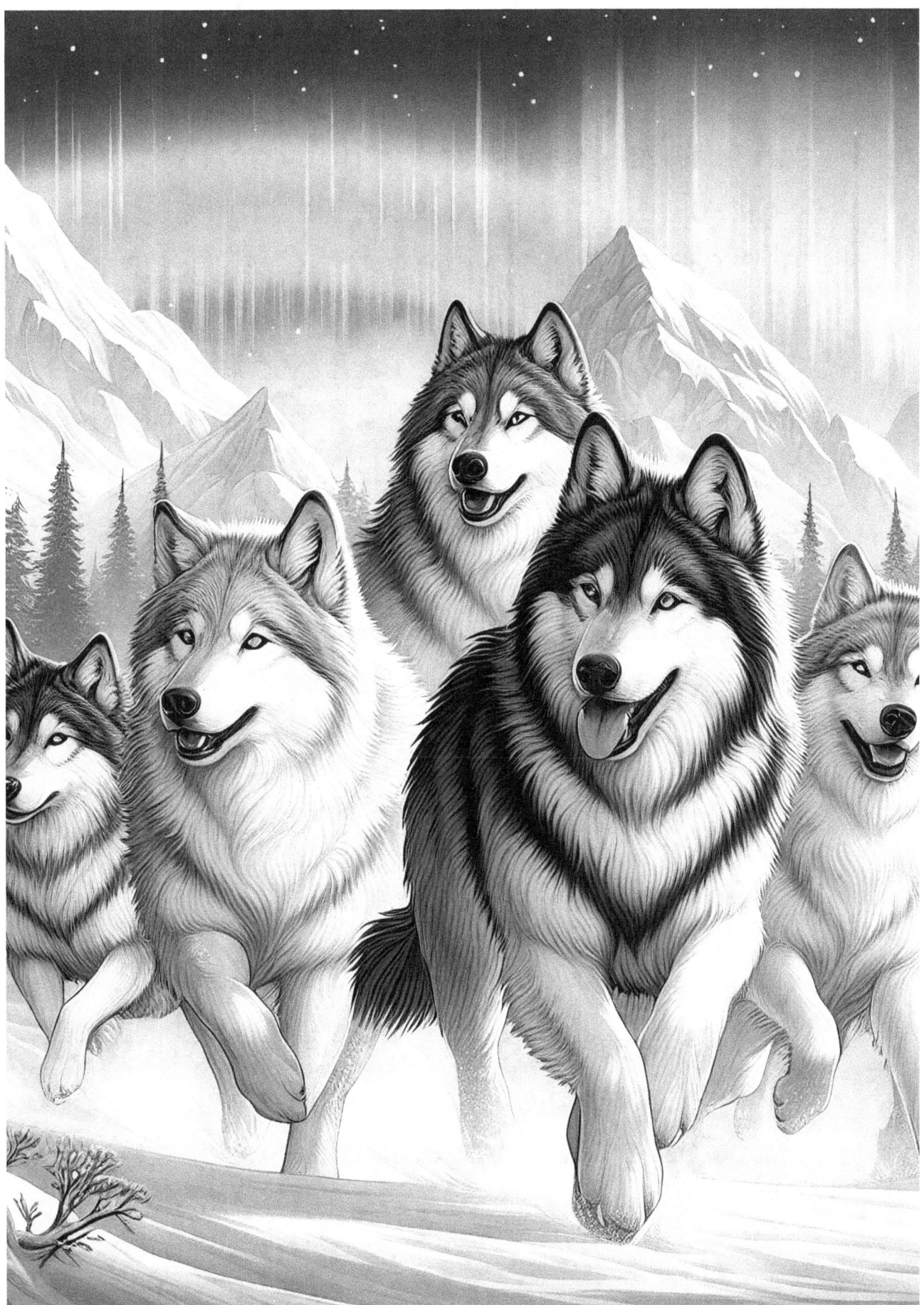

Queridos lectores,

Es con gran alegría y gratitud que concluyo este libro de pintura. Vuestra elección de embarcaros en este viaje artístico significa el mundo para mí.

Cada página de este libro está diseñada para inspirar vuestra creatividad y explorar nuevos horizontes en el mundo del arte. Vuestra dedicación a la pintura es un testimonio de vuestra pasión y compromiso con el arte, y por eso os doy las gracias.

Que cada trazo de pincel que realicéis sea una expresión de vuestra individualidad y un reflejo de vuestra visión única del mundo. Recordad que en cada lienzo en blanco hay una oportunidad para crear algo hermoso y significativo.

Agradezco sinceramente vuestro apoyo y espero que este libro os acompañe en vuestro viaje artístico durante muchos años.

Con gratitud y mejores deseos,

PEÑA

PATRICIA CUELLO PEÑA